CP
cycle 2

Méthode de lecture

Rue des Contes

CAHIER 1

Liliane Baron
Professeur des écoles

Angélique Condominas
Maître formateur

MAGNARD
www.magnard.fr

Avant-propos

La structure du cahier est strictement identique à celle du livre élève.
Pour certains exercices, un pictogramme indique un renvoi à la page du livre (5).

• **Les doubles pages d'étude du code** ont pour objectifs :
- la reconnaissance auditive du son ;
- la localisation du son dans le mot ;
- la reconnaissance visuelle de la lettre ;
- la mémorisation de mots-clés ;
- l'utilisation du code pour décoder et encoder (lire et écrire) ;
- la compréhension.

• **Les doubles pages d'étude d'un épisode du conte** ont pour objectifs :
- la compréhension d'un texte entendu ;
- la lecture et la compréhension d'un passage ;
- l'observation et l'appropriation des éléments liés aux différentes structures de la langue ;
- la lecture de nouvelles phrases ou de nouveaux textes ;
- l'écriture de phrases.

• **Les doubles pages de production d'écrit :**
conduisent l'élève, à la fin de chaque conte, à reconnaître et à produire un autre type d'écrit, étudié dans le livre élève.

• **Les pages de révisions et de jeux :**
préparent l'évaluation photocopiable proposée dans le guide du maître.

Nombreuses et variées, les **activités** doivent se faire **sur plusieurs séances**. Le guide du maître apporte des précisions quant aux moments auxquels elles peuvent être proposées. Toutes les activités ne seront pas proposées à tous les élèves. Les élèves les plus autonomes pourront les faire dans leur ensemble, tandis que le maître sélectionnera celles qui conviennent le mieux aux élèves des groupes de besoin, en fonction des compétences qu'il est nécessaire de renforcer.

Avant chaque activité, le maître demandera aux élèves d'observer la **consigne** et d'en rechercher le sens. Il la lira ensuite pour **valider** ou **corriger** les interprétations. Il est important de demander aux élèves de reformuler la consigne pour en vérifier la compréhension. De nombreux exercices étant illustrés, on veillera à nommer les différents éléments afin de corriger les éventuelles erreurs d'interprétation.

Maquette intérieure : Éric André. Couverture : conception Valérie Bardiau, illustration Hervé le Goff.
Illustrations intérieures : Loïc Méhée, Hervé le Goff (pp.8, 12, 16, 17, 21, 24), Dorothée Jost (pp. 32, 36, 40, 42, 44, 48), Bruno Robert (pp. 56, 60, 61, 64, 65, 68), Rébecca Dautremer (pp. 76, 79, 80, 84, 88).
Réalisation : Al'Solo. Édition : Julie Delaere et Anne Samain.

SOMMAIRE

1. *Les Trois Petits Cochons*

2. *Le Petit Chaperon rouge*

3. *La Petite Poule rousse*

4. *Les Musiciens de la ville de Brême*

Je sais déjà...

1 Prononce le nom de ce qui est dessiné et entoure l'intrus.

▶  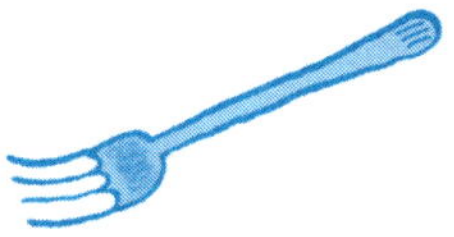  

▶    

2 Colorie selon le code pour découvrir le dessin caché.

E	bleu
F	orange
H	jaune
L	noir
T	rouge

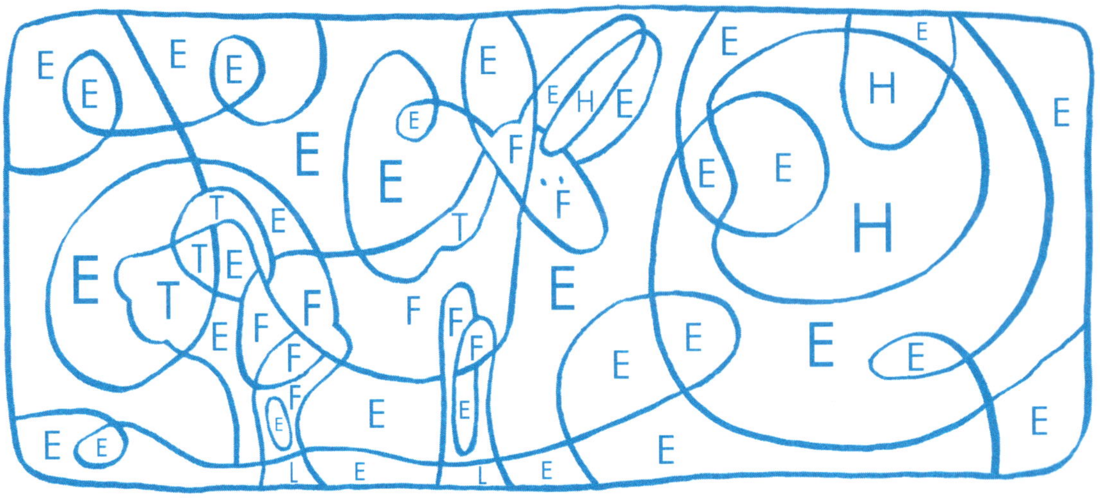

3 Écris le nom des animaux en te servant du code.

1	2	3	4	5	6	7	8	9	10	11	12	13
A	B	C	D	E	F	G	H	I	J	K	L	M

14	15	16	17	18	19	20	21	22	23	24	25	26
N	O	P	Q	R	S	T	U	V	W	X	Y	Z

3	8	1	20
C			

8	9	2	15	21

18	5	14	1	18	4

4 **Écoute** la comptine puis **trace** des flèches pour indiquer le sens de la lecture.

A B C D c'est décidé

E F G H on joue à cache-cache

I J K L dans la ruelle

M N O P jusqu'au souper

Q R S T tu pourras rester

U V W tu pourras rêver

X Y Z dans la nuit douce et tiède.

5 **Écris** ton prénom et **décore** le cadre en suivant les modèles.

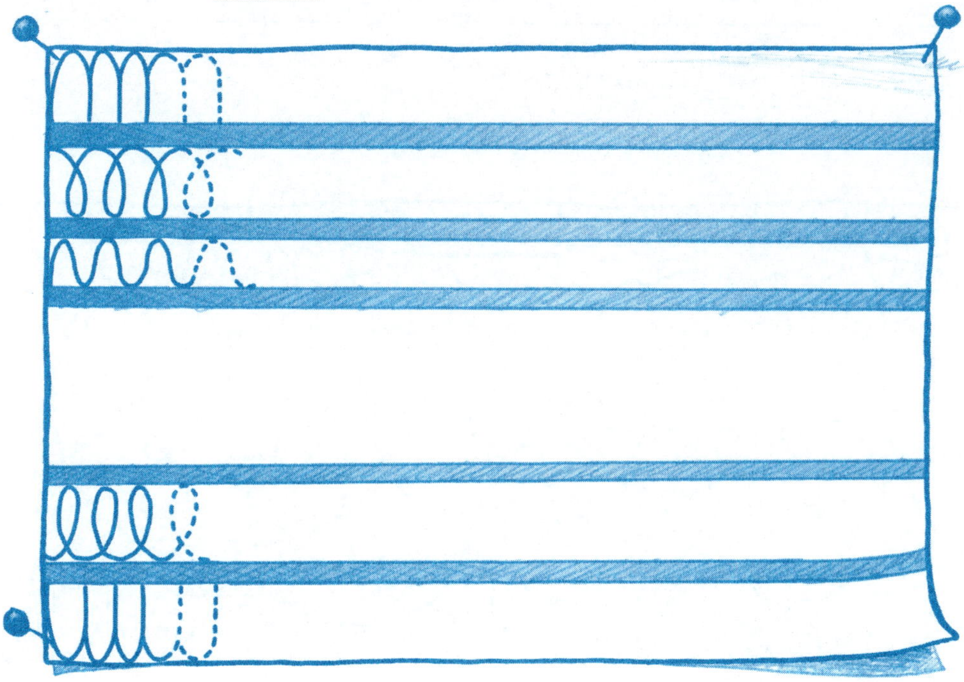

1 **Colorie** les dessins où tu entends [i], pour aider la petite souris à retrouver le grain de riz sous le lit.

2 **Mets une croix** dans la case où tu entends le son [i].

3 **Colorie** en rose tous les i et en vert tous les y.

4 **Relie** les mots qui ont un i pour aider l'oiseau à retrouver son nid.

5 **Relie** les deux écritures du même mot.

lit •	• pyjama
pyjama •	• cygne
petit •	• petit
tapis •	• lit
cygne •	• tapis

6 **Relie** chaque dessin à la bonne phrase.

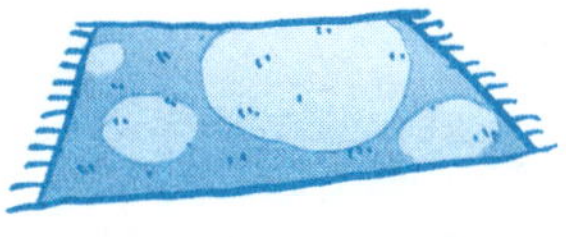

Il y a un tapis. Il y a un lit. Il y a un pyjama. Il y a un cygne.

1 **Coche** la page qui correspond à la page 5 de ton livre.

2 **Entoure** chaque cochon et son prénom de la même couleur.

Nouf-Nouf | Nif-Nif | Naf-Naf

3 **Entoure les mots qui conviennent.**

Il < était / y a > une fois trois jolis < petits / méchants > cochons.

4 **Relie chaque phrase à son dessin.**

Il était une fois trois jolis petits lits. •

Il était une fois trois jolis petits cygnes. •

Il était une fois trois jolis petits cochons. •

5 **Colorie chaque phrase d'une couleur différente.**

Il était une fois trois petits cochons. Comment s'appelait le premier ? Je ne m'en souviens pas. Et le second ? Je ne me le rappelle plus. Mais je sais que le troisième était Nouf-Nouf !

6 **Écris une phrase différente de celles du livre (page 9).**

jolis *petits* *lits* *cygnes* *tapis* *cochons*

Il y a trois ....

1 **Colorie** les animaux qui ont le son [a] dans leur nom.

2 **Mets une croix** dans la case quand tu entends le son [a].

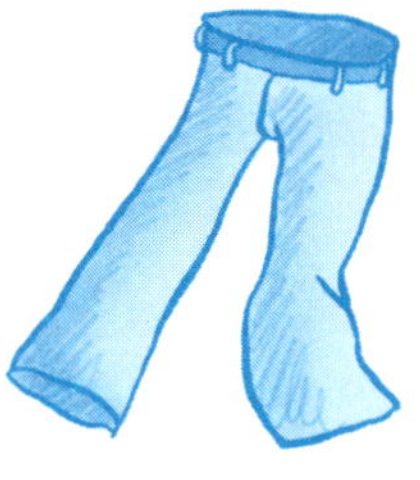

3 **Colorie** tous les nénuphars qui ont un a pour aider la grenouille à traverser.

4 **Entoure** tous les a dans les mots. Puis **relie** les mots identiques.

cabane • • lapin

parapluie • • cabane

lapin • • parapluie

5 **Entoure** les mots qui conviennent.

Voilà < un sac. / une cabane.

Voilà < un chat et un rat. / un chat et un sac.

6 **Écris** la légende du dessin en choisissant un groupe de mots dans chaque colonne.

Il y a	un cygne	et un cygne.
Voilà	un chat	et un chat.
	un rat	et une cabane.

....

1 **Colorie** l'image qui raconte le mieux ce que fait Naf-Naf (page 12).

2 **Colorie** chaque phrase d'une couleur différente. Puis **réponds** aux questions.

Le lendemain, les trois petits cochons partirent
droit devant eux. En ce temps-là, les loups rôdaient
dans les campagnes et il valait mieux pour des petits cochons
avoir une maison. Aussi, après avoir trouvé un bel endroit
près d'un bois, ils décidèrent de se construire chacun un toit.

Combien y a-t-il de phrases ? *Il y a .... phrases.*

Combien y a-t-il de lignes ? *Il y a .... lignes.*

3 **Écris** une phrase en remettant les mots dans l'ordre.

se	Naf-Naf	bâtit	cabane.	une

....

4 **Relie** chaque mot à son dessin d'une couleur différente.

un abri

une cabane

une maison

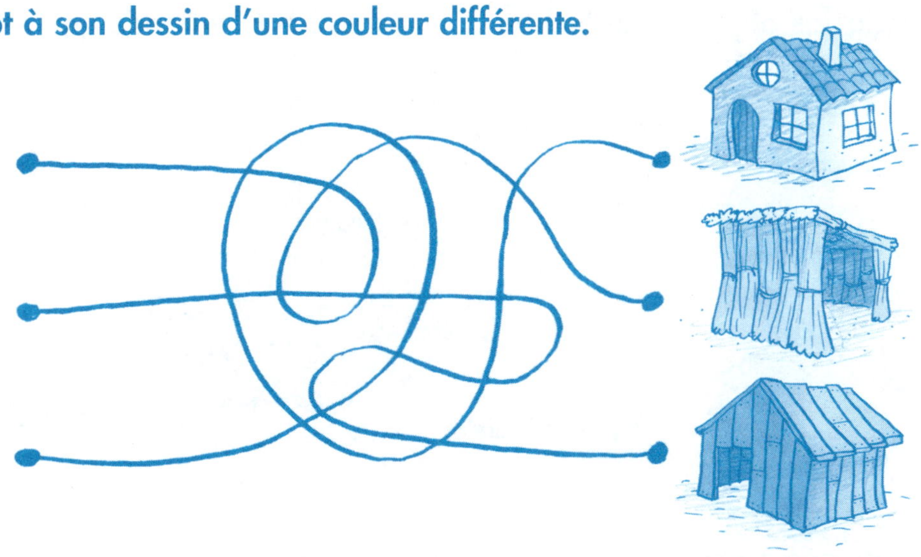

5 **Entoure** les phrases qui racontent l'histoire des trois petits cochons.

Il était une fois trois jolis petits chats.

C'est Nouf-Nouf qui se bâtit une maison.

C'est un rat qui se bâtit un abri.

C'est Naf-Naf qui se bâtit une cabane.

6 **Complète** la phrase en choisissant un groupe de mots dans chaque colonne.
Illustre-la puis **lis-la** à tes camarades.

C'est	un cochon	une cabane
Il y a	un cygne	un abri
	un rat	une maison
	un chat	

.... qui se bâtit ....

1 **Relie** les objets au baluchon de la tortue si tu entends [y].

2 **Mets une croix** dans la case où tu entends le son [y].

3 **Colorie** les écailles de la tortue qui ont un u.

4 **Entoure** tous les u.

La tortue, furieuse, a vu l'écureuil faire une belle culbute dans ses laitues.

Avec ses petites dents pointues, le mulot dodu déguste une prune succulente.

5 **Complète** les mots suivants avec *u*, *a*, ou *i*.

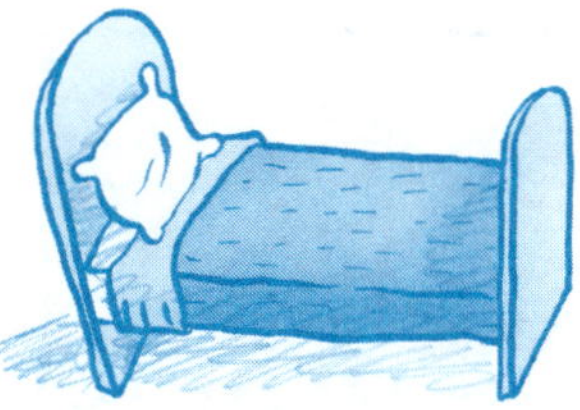

la l...ne	une tort...e	un l...t	un s...c

6 **Lis** les phrases et **écris** le bon numéro sous chaque dessin.

1 Voilà la lune.
2 Il y a une flûte.
3 Voilà une tortue.
4 Il hurle.

...

...

...

...

1 **Numérote** les images dans l'ordre de l'histoire (page 16).

2 **Entoure** **la phrase du livre (page 16).**

Nif-Nif courut aussi vite qu'il put vers sa maison.

Il courut aussi vite qu'il put vers sa cabane.

Il courut aussi vite qu'il put vers sa maison.

Naf-Naf courut aussi vite qu'il put vers sa maison.

3 **Complète** **la phrase avec les mots suivants :** *courut, maison, vite, vers.*

Il .... *aussi* .... *qu'il put*

.... *sa* ....

4 **Relie** **chaque phrase à son dessin.**

Le chat a couru vers la tortue. •

• 

Nif-Nif a couru vers sa maison. •

• 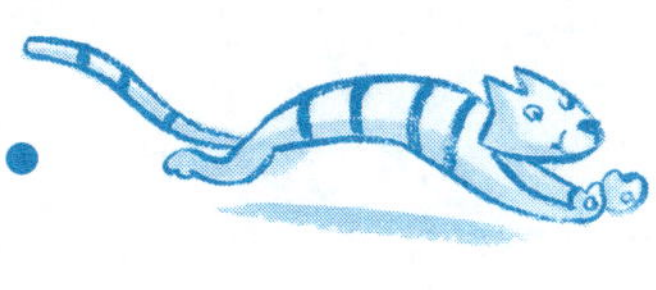 

Nif-Nif a couru vers la tortue. •

• 

1 **Relie** tous les dessins où tu entends [l] pour aider le lionceau à rejoindre sa maman.

2 **Coche** les cases où tu entends le son [l].

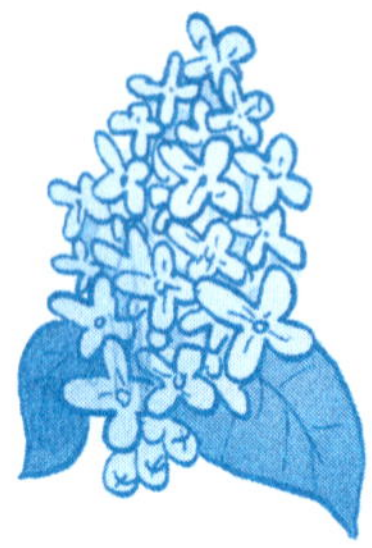

3 **Colorie** toutes les cases qui ont un l pour découvrir ce qui se cache dans le dessin.

4 **Relie** chaque mot à son dessin.

la lune — le lapin — la poule — le loup

la lune — *le lapin* — *le loup* — *la poule*

5 **Écris** *le* ou *la* devant les mots.

.... *lit* .... *lapin* .... *lune*

.... *poule* .... *loup* .... *flûte*

6 **Retrouve** les couples de lettres suivants dans les mots du tableau.
Puis **colorie-les** en respectant le code couleur.

li (rouge) — **la** (vert) — **al** (violet) — **lu** (jaune) — **ul** (bleu)

livre	cheval	pull
salade	pélican	lunettes

1 **Colorie** en jaune les mots que tu sais lire. Puis **entoure** les l du texte.

Le loup arriva devant la cabane de bois où s'abritaient Nif-Nif et Naf-Naf.

– Ouvrez ! hurla le loup.

– Certainement pas ! répondirent Nif-Nif et Naf-Naf tout tremblants.

– Vous l'aurez voulu ! cria le loup.

Il gonfla sa poitrine et souffla si fort que la pauvre cabane de bois s'écroula. Nif-Nif et Naf-Naf, épouvantés, réussirent par miracle à échapper au loup. Ils coururent vers la maison de Nouf-Nouf.

2 **Barre** le mot intrus dans chaque phrase.

Vous l'aurez voulu ! cria le lilas loup.

Vous l'aurez voulu couru ! hurla le loup.

Vous sous l'aurez voulu ! cria le loup.

3 **Écris** si les jouets sont *sur* ou *sous* les meubles.

4 **Relie** les paroles aux personnages qui les disent.

– Ouvrez ! hurla le loup.

– Vous l'aurez voulu ! cria le loup.

– Que vas-tu faire ? demandèrent les deux petits cochons.

– Certainement pas ! répondirent Nif-Nif et Naf-Naf.

5 **Termine** chaque phrase par un point (.) ou un point d'exclamation (!) selon la manière de parler des personnages.

Oh la jolie cabane ☐

Il était une fois trois petits loups ☐

6 **Choisis** deux personnages dans la liste et **complète** les phrases.

loup *lapin* *cochon* *cygne* *chat* *rat*

Lundi, le .... alla chez le petit ....

– Ouvre, petit .... !

– Certainement pas ! hurla le ....

– Tu l'auras voulu, dit le ....

Je ne te parlerai plus !

1 **Colorie** les dessins où tu entends [p] pour aider le papillon à retrouver sa fleur.

2 **Relie** chaque dessin à son code. Attention, il y a un code intrus.

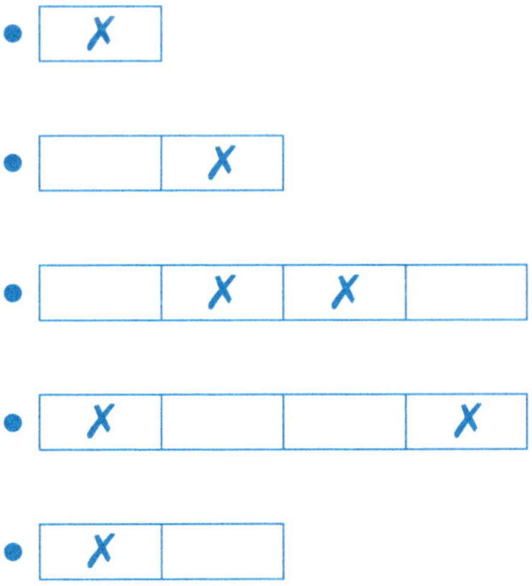

3 **Colorie** toutes les cases qui ont un p pour découvrir ce qui se cache dans ce dessin.

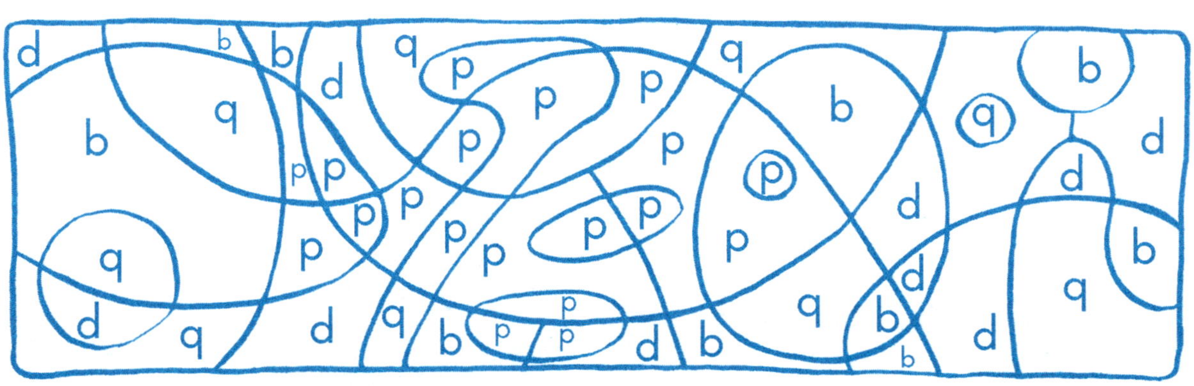

4 **Complète** les phrases en t'aidant des illustrations.

La poule porte un .... ▶ 

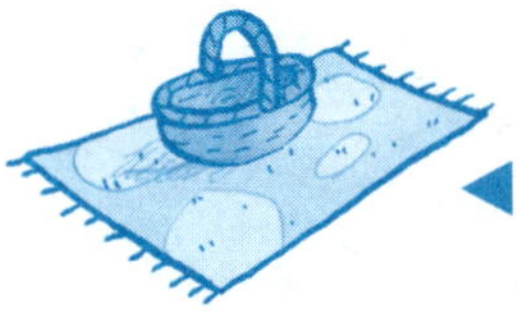 ◀ *Le .... est sur le tapis .*

La .... est sous le lit . ▶ 

5 **Relie** les mots aux bonnes syllabes.

 le paquet •

py

• un aspirateur 

 un pyjama •

pi

• une punaise 

pa

 le papillon •

pu

• une toupie 

6 **Complète** les mots avec : *pu*, *pi*, ou *pa*.

le .....rachute

le .....rate

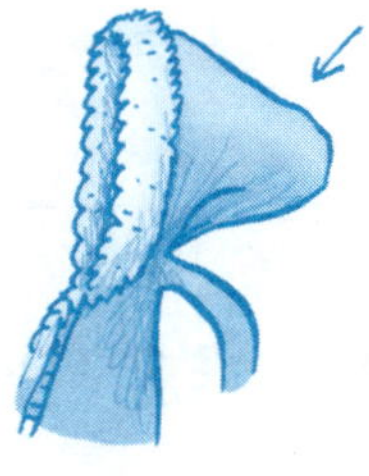

la ca.....che

1 **Écris** *vrai* **ou** *faux* **sous les dessins.**

....

....

2 **Colorie en jaune les mots de la première phrase du texte (page 24).**

Le	*poule*	*courut*	*à*	*la*	*panier.*
La	*loup*	*tambourina*	*sur*	*le*	*porte.*

Recopie cette phrase.

3 **Colorie** les si et les qu'. **Entoure** la phrase intruse.

Le loup hurla si fort qu'il se fit mal à la gorge.

Le lapin courut si vite qu'il se fit mal aux pattes.

La poule cria et hurla mais personne n'arriva.

Le panier est si petit qu'il déborde.

4 **Relis** le texte en bas de la page 25.

a **Réponds** aux questions.

Combien y a-t-il de lignes dans le texte ? ....

Combien y a-t-il de phrases dans le texte ? ....

Combien y a-t-il de personnages dans cette histoire ? ....

Combien de fois le mot « poule » est-il écrit ? ....

b **Complète** les phrases avec des mots du texte.

Le lapin a vu le ....

Il a couru chez la ....

Il tape à la .... *de la maison.*

Le lapin a mal aux ....

1 **Colorie** le rond quand l'écrit est une liste.

Matériel à avoir dans sa trousse

- un stylo bleu
- un stylo vert
- un stylo rouge
- un crayon à papier
- une gomme
- une règle
- une paire de ciseaux
- un tube de colle

Un petit cochon

Un petit cochon
Pendu au plafond
Tirez-lui la queue
Il pondra des œufs
Tirez-lui plus fort
Il pondra de l'or !

Le loup arriva devant la cabane de bois où s'abritaient Nif-Nif et Naf-Naf.
– Ouvrez ! hurla le loup.
– Certainement pas ! répondirent les deux frères tout tremblants.
– Vous l'aurez voulu ! cria le loup.
Il gonfla sa poitrine et souffla si fort que la pauvre cabane de bois s'écroula.

Ingrédients à acheter pour faire mon gâteau d'anniversaire

- de la farine
- du sucre
- des œufs
- de la levure
- du chocolat

2 **Écris la liste des jouets que tu préfères parmi ceux présentés ci-dessous.**

une poupée

une dînette

un château

un nounours

un ballon

un train

des petites voitures

un vélo

une planche à roulettes

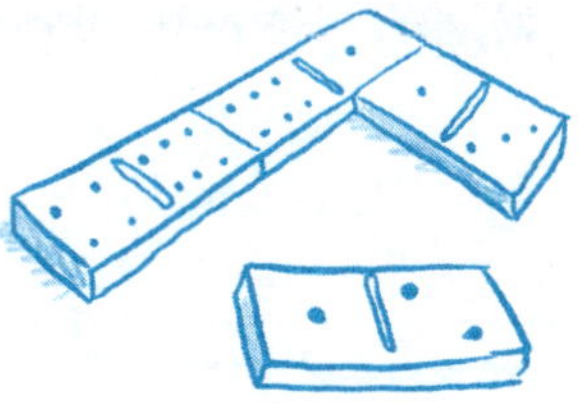

des dominos

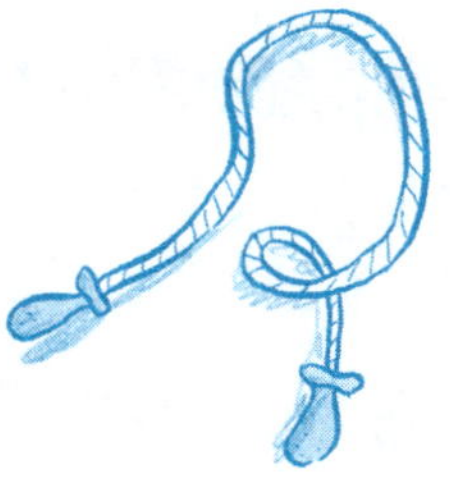

une corde à sauter

des billes

Liste de mes jouets préférés

....

....

....

....

....

1 **Relie** chaque animal à son nom.

le cochon

une tortue

la poule

un cygne

le loup

le chat

2 **Complète** les phrases avec les mots suivants : *sur, sous, vers, et.*

Le chat est .... le tapis.

Le rat a couru .... sa maison.

La tortue est .... le chapeau.

Voilà une poule .... un cygne.

Jeux

1 **Complète** les mots croisés en t'aidant des dessins.

1

2

3

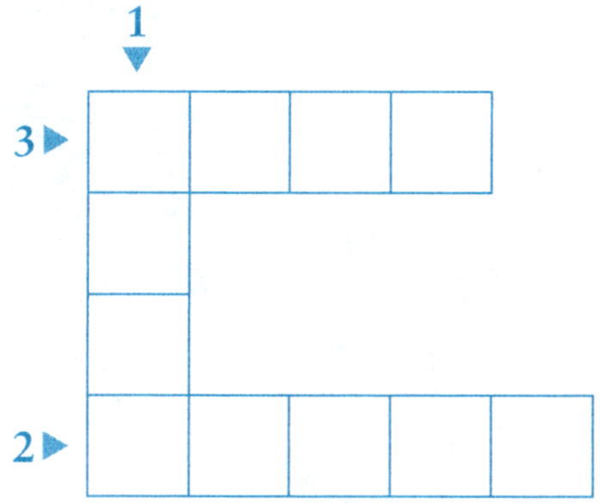

2 **Trouve** le message caché dans le chemin et **colorie** le bon dessin.

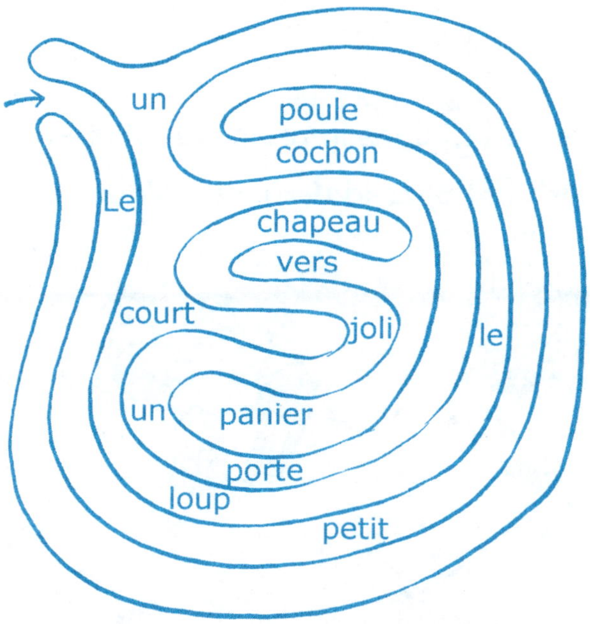

3 **Cherche** le mot COCHON et **colorie-le**.

O	C	O	C	H
N	O	N	H	O
H	C	H	O	N
N	H	O	N	C
H	O	C	C	N
C	N	H	O	O

1 **Relie** les objets à la malle si tu entends [m].

2 **Entoure** en rouge quand tu entends [m] dans la première syllabe.
Entoure en bleu quand tu entends [m] dans la dernière syllabe.

3 **Colorie** tous les m en jaune.

Sous le marronnier, notre petite fourmi amasse mille et une miettes d'un merveilleux moka.

Une méchante mouche se pose au sommet de cette montagne sucrée et sans permission mastique les miettes si péniblement amassées.

4 **Complète** avec les mots suivants : *malle, grand-mère, mur, chemin.*

• *Ma .... se promène sur le ....*

• *Il y a une .... contre le ....*

de ma chambre.

5 **Colorie** les mots identiques de la même couleur.

MUR	*ami*	MIE	mur
mal	MAL	*mur*	AMI
ami	mie	mal	*mie*

6 **Complète** les mots avec l'une des syllabes proposées.

une che......née | *une to......te* | *une ar......re*

1 **Colorie** l'image qui raconte l'histoire de la page 32.

2 **Entoure** les mots de la couleur demandée par le maître.

forêt	fois	fille	malade	maison

3 **Lis** et **dessine**.

Il y a une maison dans la forêt.	Maman porte un petit panier.	Voici trois petites souris sur un mur.

4 Colorie les interdictions en jaune.

Ne cours pas !

Cours plus vite !

Tape à la porte !

Ne t'écarte pas du chemin !

Ne hurle pas si fort !

Ne tape pas si fort à la porte !

5 Relis la comptine de la page 33.

a Relie chaque début de phrase à sa fin.

Ne parle plus comme une pie •	• le mardi.
Ne crie plus « Au loup ! » •	• le mercredi.
Ne cours plus sous la pluie •	• le jeudi.
Ne hurle plus comme une mule •	• le samedi.

b Écris la phrase qui dit ce que le canard fait le dimanche.

à un ami . | le canard | la porte | ouvre | Le dimanche,

....

....

1 **Colorie** quand tu entends [u].

2 **Relie** chaque dessin à son code. Puis **entoure** le code intrus.

	✗	✗

	✗

	✗	

✗	

3 **Colorie** tous les OU en vert.

La mouche gourmande tourne autour d'un savoureux pot de confiture.

Toute la journée, le coucou roucoule des mots d'amour à la douce tourterelle.

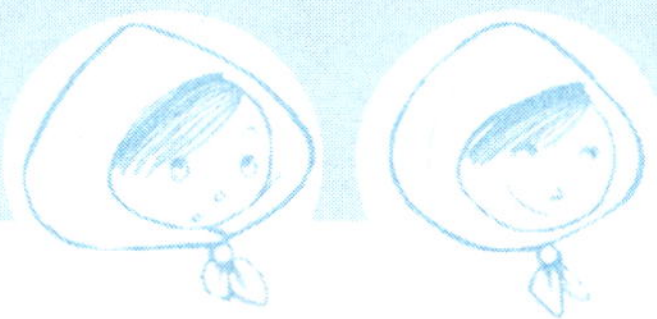

4 Remets les lettres dans l'ordre puis écris les mots.

s s o u r i	i u o m r f	m c h e o u
la	la	la ....

5 Entoure les dessins selon le code.

jaune → mou

vert → pou

bleu → lou

6 Souligne le mot qui convient.

la moule	le loup	un pou	un moulin
la poule	le mouton	une poupée	un poulain

1 **Entoure** les personnages présents dans le texte de la page 36.

2 **Colorie** en jaune les paroles du loup.

« Bonjour fillette ! dit le loup. Où vas-tu d'un si bon pas ?
– Je… je dois porter ce panier à ma grand-mère qui est malade, bredouilla le Petit Chaperon rouge.
– Brave petite ! dit le loup. Et où habite ta grand-mère ?
– À l'entrée du village, de ce côté de la forêt, dit la petite fille en montrant la direction.
– Hum ! Je vois, fit le loup. Eh bien, hâte-toi petite… et peut-être à bientôt ! » ajouta-t-il, l'œil brillant.

3 **Complète** avec : *malade, pas, Chaperon, loup, panier.*

« Bonjour fillette ! dit le ………………… . Où vas-tu d'un si bon ………………… ?

– Je dois porter ce ………………… à ma grand-mère qui est ………………… » bredouilla le Petit ………………… rouge.

4 **Entoure les questions.**

- Où vas-tu d'un si bon pas ?
- Où cours-tu ?
- Tu es dans la cabane.
- Où es-tu ?
- Il hurle sous la lune.
- Tu vas chez ta grand-mère.
- Où est ta cabane ?

5 **Relis l'histoire de la page 37.**

a **Entoure les personnages de cette histoire.**

le loup   le hibou   le Petit Chaperon rouge

la souris   la grand-mère

b **Écris** *vrai* **ou** *faux*.

La petite souris va chez sa maman. ....

La maison de la mamie est sous le lilas. ....

La souris est grande. ....

Le hibou est gentil. ....

c **Complète avec les mots du texte.**

« *Bonjour petite souris,* .... *vas-tu si* .... ? »

1 **Pour rejoindre son terrier, le renard doit passer par tous les dessins où l'on entend le son [R]. Trace son chemin.**

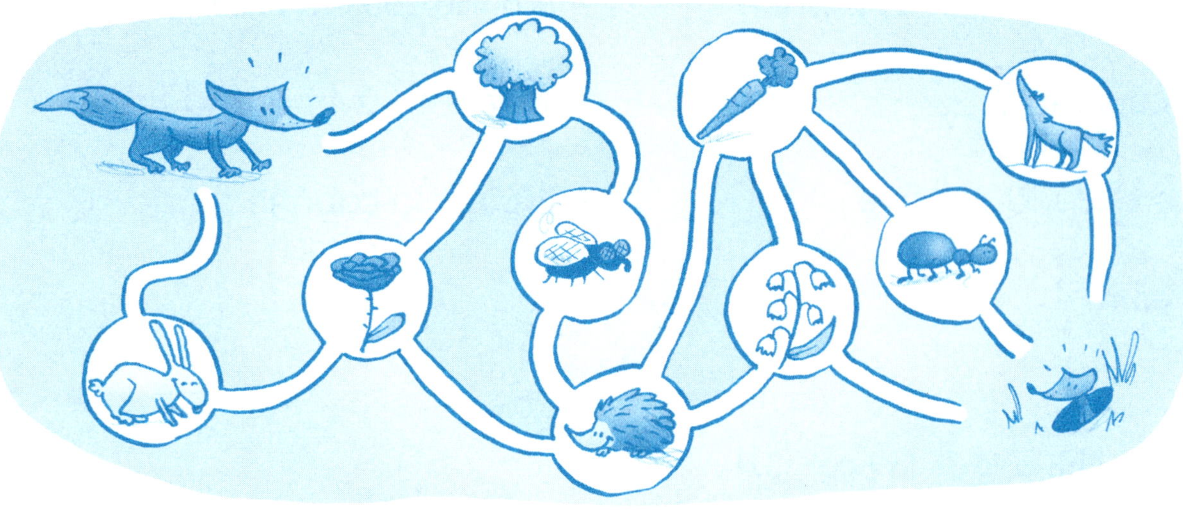

2 **Entoure en bleu les animaux qui ont le son [R] au début.**
Entoure en jaune les animaux qui ont le son [R] à la fin. Attention, il y a des intrus.

3 **Colorie tous les r en vert.**

La tortue dit au lièvre : « Rien ne sert de courir, il faut partir à point. »

Regarde ! Un petit hérisson sur un radeau vogue sur le ruisseau.

4 **Colorie les mots de la couleur demandée par le maître.**

rame	marron	rat	mardi
rouge	fleur	rire	canard
souris	bûcheron	renard	mur

5 **Complète les mots avec :** *ra, ri, ar* **ou** *ru.*

un ...... deau | *une ...... che* | *un ...... bre* | *une sou...... s*

6 **Illustre chaque phrase.**

Voici trois fleurs rouges.	Le renard a un sac marron.	Le bûcheron porte une roue.

1 **Numérote** les images dans l'ordre du texte de la page 40.

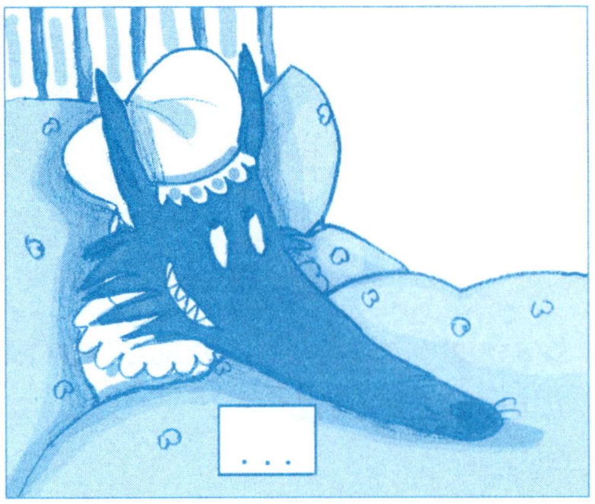

2 **Sépare** les mots puis **recopie** la phrase comme il convient.

Lelouparrivadevantlamaison .

3 **Relie** chaque début de phrase à sa fin.

Le loup arriva bientôt	demanda la vieille dame. »
Il frappa à la porte :	devant la maison.
« Qui est là ?	toc, toc, toc !

4 **Entoure de la même couleur les questions qui se ressemblent.**

Qui est là ?

Où court le loup ?

Qui parle à la grand-mère ?

Qui est dans le lit ?

Où est le Petit Chaperon rouge ?

Où va le bûcheron ?

5 **Relis l'histoire de la page 41.**

a **Entoure la bonne réponse.**

Le loup / Le bûcheron / Le renard — courut sur le chemin.

Bientôt il arriva chez — lui. / la poule. / la grand-mère.

b **Relie chaque mot au dessin qui convient pour indiquer la position du renard.**

devant — sous — sur — dans

1 **Colorie** les dessins où tu entends [d] pour aider le Petit Chaperon rouge à retrouver sa grand-mère.

2 **Entoure** le dessin si tu entends le son [d], puis **coche** la case où tu l'entends.

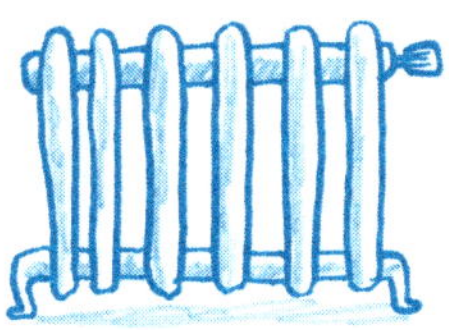

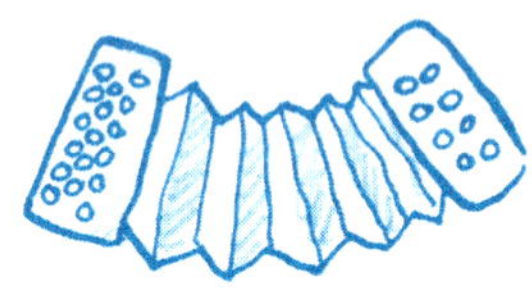

3 **Entoure** tous les d.

d	b	q	b	p	p	d
D	D	R	q	r	b	D
b	d	d	D	p	q	d

4 **Écoute** les mots dictés. Puis **colorie** les d si tu les entends.

tard – dire – nid – dur – addition

renard – aujourd'hui – froid – caddie

5 **Complète** les mots avec : *du*, *dra* ou *di*.

..........x	*une pen........le*	*une en........ve*	*un ....gon*

6 **Colorie** dans le dessin les objets suivants.

une salade — les draps — les radis

une sandale — la dame — la marmelade

épisode 4

page 44 du livre

1 **Colorie** les personnages présents dans l'épisode 4.
Puis **complète** la phrase en choisissant dans la liste.

- le loup
- le Chaperon rouge
- le bûcheron
- la grand-mère

Il y a ....

2 **Écris** V quand c'est vrai et F quand c'est faux.

Le loup tambourina à la porte. [...]

Le Chaperon rouge parle avec sa maman. [...]

Le loup a de grandes dents. [...]

La petite fille a de grandes oreilles. [...]

3 **Relis** les phrases de l'exercice 2. **Recopie** la phrase qui correspond au dessin.

4 **Complète** avec les mots suivants : manger, courir, entendre.

« Que vous avez de grandes dents !
– C'est pour mieux te .... ! »

« Que vous avez de grandes oreilles !
– C'est pour mieux t'.............................., mon enfant ! »

« Que vous avez de grandes pattes !
– C'est pour mieux .... ! »

5 **Invente** des phrases.

« Que ....
– C'est pour .... ! »

6 **Relis** la comptine de la page 45. Puis **entoure** la bonne réponse.

- Qui a de grandes dents ? C'est le loup. / la grand-mère. / le lapin.
- Qui a de grandes pattes ? C'est l'enfant. / le loup. / le lapin.

1 **Colorie** quand tu entends [ø] / [ə].

2 **Entoure** tous les dessins où tu entends [ø] / [ə] dans la première syllabe pour aider l'oiseau à rejoindre son nid.

3 **Colorie** les lettres qui font [ø] / [ə] selon le code.

bleu → e
jaune → eu
vert → œu

deux	casserole	cheveu	vœu
cerise	des œufs	semaine	pelage
bleu	affreux	un nœud	jeudi

4 **Relie chaque phrase à son dessin.**

Le cheval court sur le chemin de la forêt. •

La petite fille va manger deux œufs sur le plat. •

La grand-mère lit près du feu. •

Il y a le feu à la cabane du petit cochon. •

• 

• 

• 

• 

5 **Relis l'histoire de la page 47 et écris** *vrai* **ou** *faux*.

Le loup est malheureux. ....

Il n'a plus de dents. ....

La petite fille crie : « Au renard ! » ....

Dehors, il pleut. ....

Il y a un cheval sur le chemin. ....

page **48** du livre

1 Colorie les images qui racontent un passage de l'histoire.

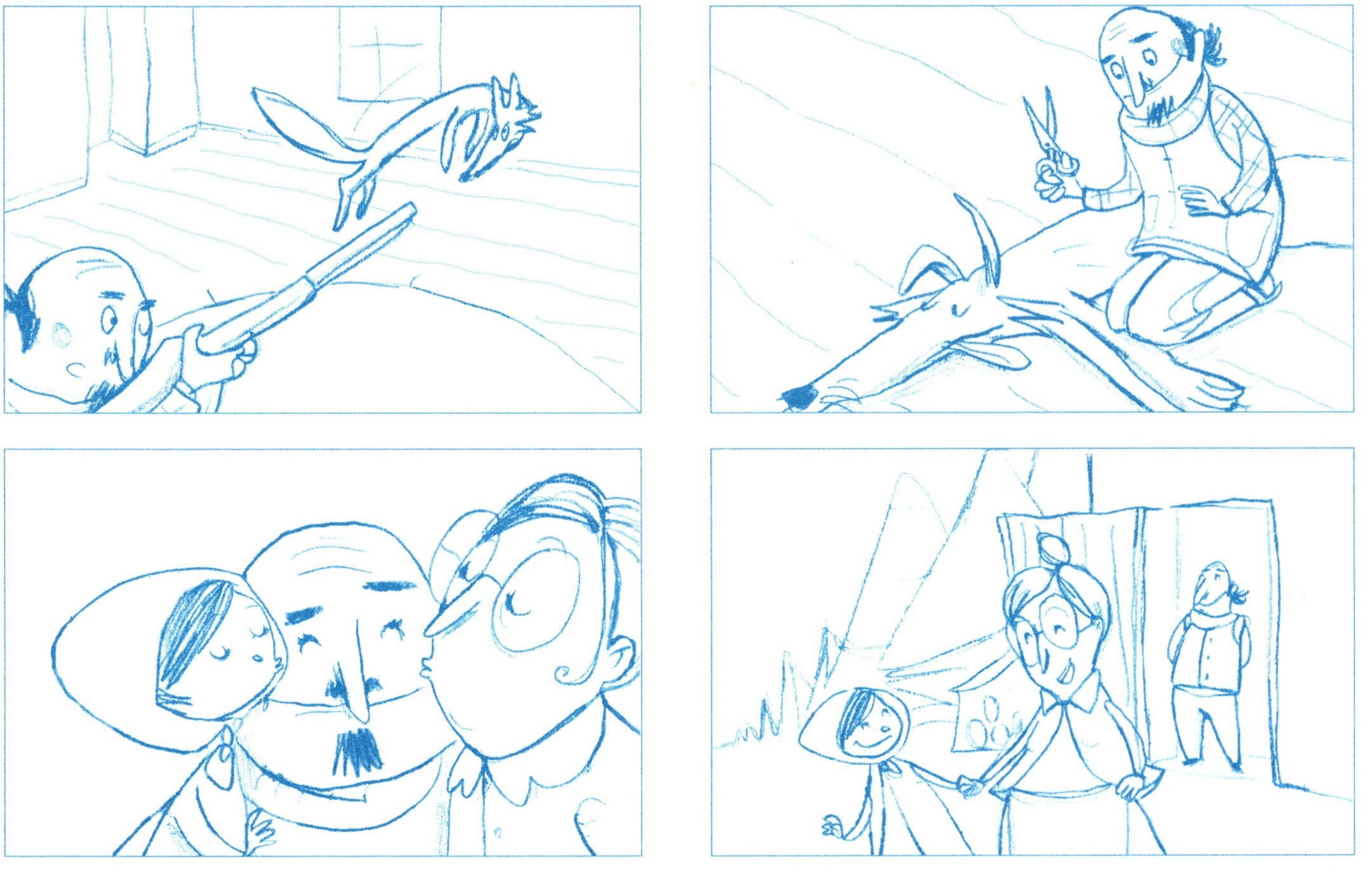

2 Relis le texte en bas de la page 48. Puis barre les mots intrus ci-dessous.

Tout à coup, le Petit Chaperon rouge malade et le faible bûcheron virent le ventre du petit loup remuer.
« Jolie grand-mère ! s'écria la petite fille. Elle est vivante ! »

3 Entoure le personnage qui parle.

« Grand-mère ! s'écria la petite fille. Elle est vivante ! »

4 **Recopie** les phrases en remplaçant les mots entourés par Elle, Il, ou Ils.

Le loup ne mangera pas le Petit Chaperon rouge.

La grand-mère est vivante.

Les œufs sont dans le panier.

5 **Relis** le texte de la page 49.

a **Entoure** les mots qui conviennent.

Le renard est

petit	grand	heureux	malheureux
rapide	malade	joli	amoureux

b **Choisis** un mot dans chaque colonne puis **écris** une phrase.

Le	renard	court	sur	le	chemin.
La	cheval	arrive	dans	la	forêt.
	poule	est	vers		cabane.

page 50 du livre

1 ⓐ **Coche la case quand le document est une affiche.**

ⓑ **Sur chaque affiche, entoure en rouge le titre, en bleu la date et en noir le lieu.**

☐

☐

☐

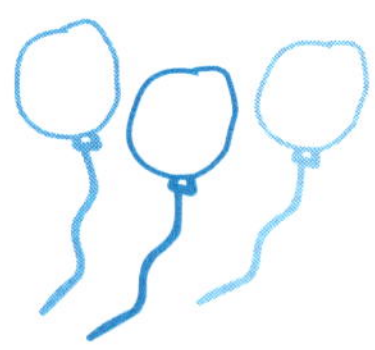

Bonjour,

Je t'invite à mon anniversaire
le samedi 23 novembre à 15 heures.
J'habite au 6, rue des Lilas.
Donne-moi vite ta réponse !

Louis

☐

2 **Réalise** **une affiche pour présenter le spectacle « Le Petit Chaperon jaune ».**
Aide-toi **des mots ci-dessous et de la page 51.**

- lundi – mardi – mercredi – jeudi – vendredi – samedi – dimanche
- janvier – février – mars – avril – mai – juin – juillet
  août – septembre – octobre – novembre – décembre

la classe

la cour

le préau

le gymnase

1 **Colorie** les animaux suivants :

le renard, la souris, le hibou, le cheval, la mouche.

2 **Complète** chaque phrase avec un mot-outil. Attention à l'intrus.

avec qui bientôt dans

Le Petit Chaperon rouge repart .... le bûcheron.

La petite fille n'ira plus .... la forêt.

La grand-mère est malade, ... elle ira mieux.

3 **Relis** le texte de la page 52. Puis **entoure** la phrase qui raconte l'histoire.

- La petite fille a mis une jolie flûte dans le panier de la souris.
- La petite souris a pris la dent de la petite fille qui dort.
- Dame Souris repart avec les draps du lit de la petite fille.

Jeux

1 **Complète** cette grille de mots croisés.

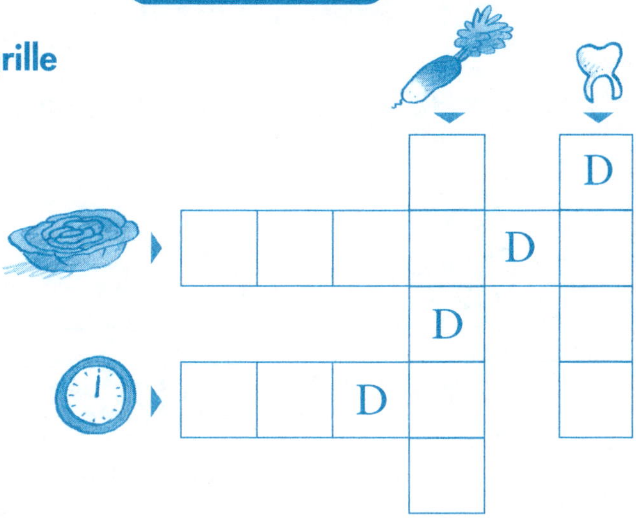

2 **Trace** le chemin qui mène de la maison du Petit Chaperon rouge à celle de sa grand-mère en passant par les pancartes suivantes :

MAMAN → PANIER → FORÊT → BÛCHERON → FLEUR → HIBOU → GRAND-MÈRE

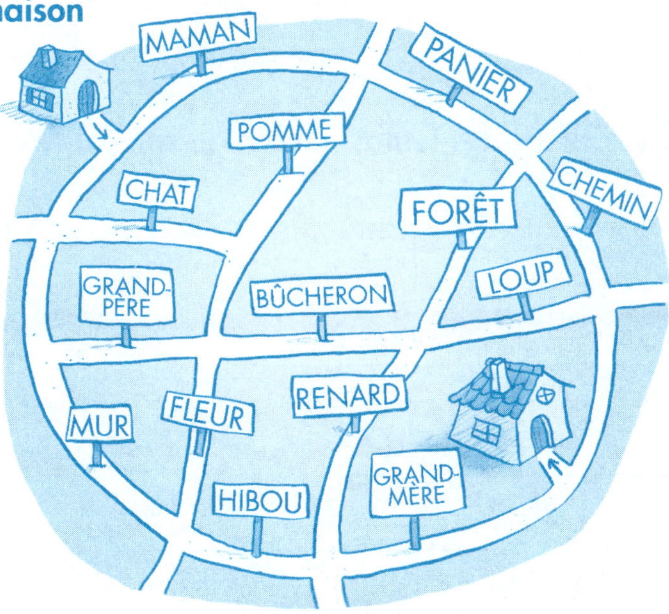

3 Qui fait peur à la souris ? Pour le savoir, fais ce qui est demandé.

- **Barre** en jaune les mots qui commencent par m.
- Parmi ceux qui restent, **entoure** en bleu ce qui se mange.
- **Entoure** en vert deux animaux à poils.
- Il reste un seul mot. **Dessine-le**.

maison radis mur

ours pomme

mardi hibou

renard salade

1 **Colorie** le dessin si tu entends le son [e], puis **coche** la case où tu l'entends.

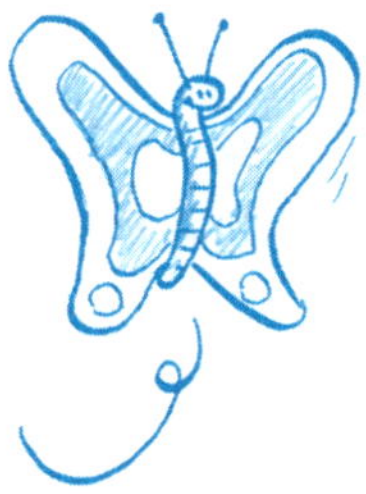

2 **Colorie** les lettres qui font le son [e] selon le code. Attention, il y a des mots intrus.

rouge → **é** jaune → **er** bleu → **ez**

épée	rocher	nez	chez
clé	poule	collier	échelle
étoile	cahier	chimpanzé	petit

3 **Entoure** tous les é.

é	é	e	è	é
ë	é	ê	é	è
é	e	é	è	é
é	é	è	é	ê
è	e	ê	è	é

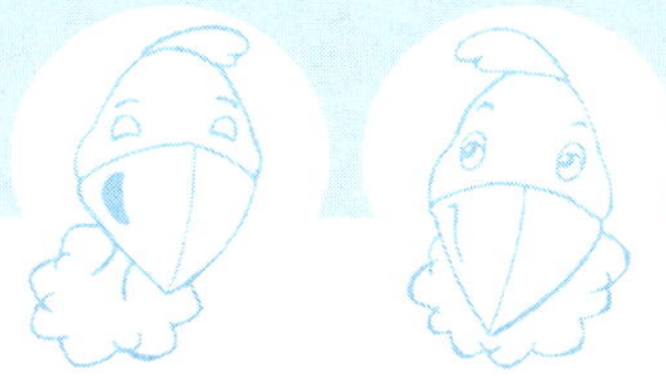

4 **Écris les mots qui conviennent à l'aide des syllabes suivantes.**

pal   riée   pou   mier   pée   ma

la ....   la ....   le ....

5 **Observe l'exemple et complète le tableau.**

▶ vous roulez	vous avez roulé
vous mimez	vous avez ....
vous	vous avez ramé
vous parlez	vous avez ....
vous	vous avez pleuré

6 **Entoure la phrase qui raconte le texte de la page 55.**

Pour le dîner, la petite poule rousse a préparé des pommes.

Les trois amis de la poule n'ont pas dîné.

Les trois amis de la poule ont mangé le repas qu'elle a préparé.

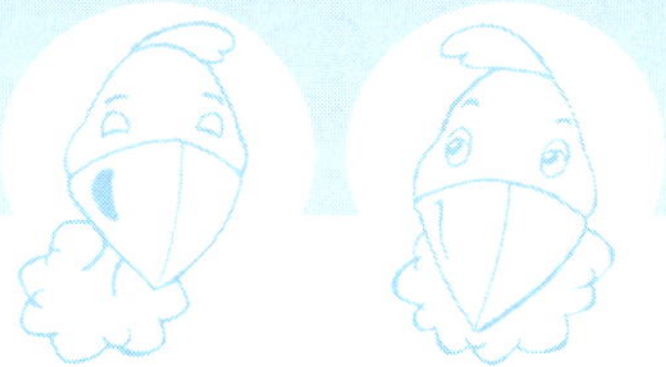

1 **Écris** V **quand c'est vrai et** F **quand c'est faux.**

La poule a trois amis. [...]

Le canard est dans la mare. [...]

Le cochon est dans le potager. [...]

Le chat prépare le dîner. [...]

La poule veut planter des grains de blé. [...]

2 **Entoure** **les mots qui conviennent.**

Un < jour / pour > elle < trouva / roula > un < pie / épi > de blé.

Elle / Il > eut alors une < idée. / ride.

3 **Remets** **les mots dans l'ordre pour écrire une phrase.**

à planter | *Qui* | *m'aider* | *de blé* | *ces grains* | *?* | *veut*

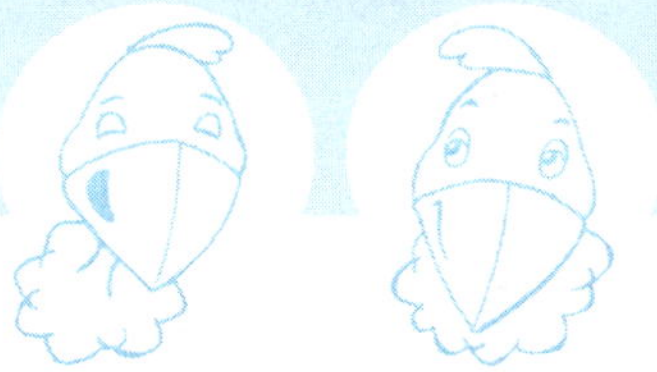

4 **Complète** avec : *toujours*, *souvent* ou *rarement*.

Je mange .... *de la salade.*

Je suis .... *malade.*

Je dis .... *merci.*

Je pédale .... *très vite.*

5 **Relis** les devinettes de la page 57.

a **Colorie** les réponses cachées dans ce tableau.

F	P	T	O	U
R	A	D	I	S
O	N	M	Y	C
B	I	E	U	H
R	E	U	X	A
A	R	T	H	T

b **Écris** une phrase avec les mots *potager* et *souvent*. **Illustre-la**.

1 **Relie** à la charrette les animaux qui ont [ʃ] dans leur nom.
Puis **colorie** ceux qui commencent par [ʃ].

2 **Colorie** tous les ch en jaune.

Cahin caha, le cheval va clopinant sur le chemin qui longe le champ.

Il rencontre le hérisson qui cherche des chenilles charnues dans les colchiques.

IL S'APPROCHE, S'ACCROCHE AUX PIQUANTS ET S'ÉCHAPPE EN HURLANT.

3 **Complète** les phrases avec des mots que tu connais.

La petite fille mange du ....

Il y a une .... *dans le pré.*

Le chat porte un petit ....

4 **Relie** chaque dessin à la bonne syllabe. Puis **relie** chaque syllabe à son mot.

cha	un parachute
che	un chameau
chu	un chou-fleur
chou	un chevalier

5 **Entoure** les mots de la couleur demandée par le maître.

une charade	une écharpe	une chipie	un char
un chou	la douche	la ruche	un maréchal

6 **Relis** le texte de la page 59 et **réponds** aux questions.

Où est la petite poule rousse ? *Elle est dans* ....

Que mâche le chat ? *Il mâche* ....

À qui est la chaise ? *Elle est à* ....

Où est le cochon ? *Il est dans* ....

Où est le canard ? *Il est dans* ....

1 **Entoure en BLEU les paroles de la petite poule rousse, en ROSE les paroles du cochon, en JAUNE les paroles du canard et en VERT les paroles du chat.**

Toute seule, la petite poule rousse tria les grains puis elle les plaça dans un sac pour les porter au moulin.

Elle retourna voir ses amis qui ne faisaient toujours rien et leur proposa :

– Qui veut m'aider à porter les grains au moulin pour en faire de la farine ?

– Pas moi, dit le chat.

– Pas moi, dit le cochon.

– Ni moi, dit le canard.

– Très bien, j'irai donc seule, dit la petite poule rousse.

2 **Complète avec :** *dans, Alors, pour, elle.*

.... elle faucha le blé. Toute seule, la petite poule rousse tria les grains, puis .... les plaça .... un sac .... les porter au moulin.

3 **Écris** *le* **ou** *les* **devant les mots.**

..... cochon	*..... sacs*	*..... pré*	*..... mouchoirs*
..... cochons	*..... sac*	*..... prés*	*..... mouchoir*

4 Relis le texte de la page 61.

a) Colorie l'image qui illustre le début de l'histoire.

b) Écris *vrai* **ou** *faux*.

La petite fille lit. ....

Le chat marche vers la poupée. ....

La poupée est apeurée. ....

C'est maman qui ramasse l'ours. ....

c) Une erreur s'est glissée dans cette phrase. Entoure-la puis écris la phrase correcte.

L'ours en peluche est sur le lit.

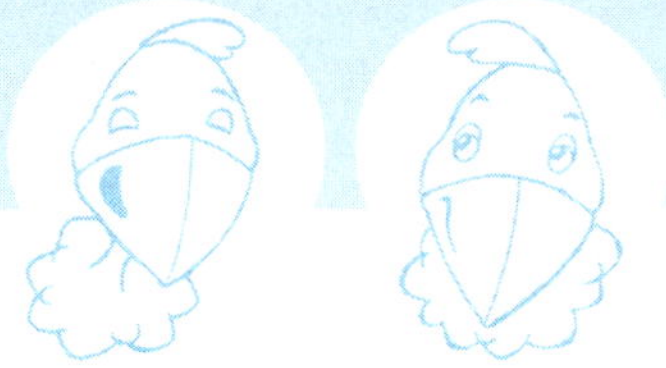

1 **Colorie** quand tu entends [f].

2 **Trouve** un mot avec le son [f] pour chaque code.
Illustre-le. Tu peux t'aider des éléments du dessin ci-dessus.

	✗

		✗

✗	

3 **Entoure** les f en jaune et les ph en bleu.

Il était une fois une petite fée qui avait transformé un farfadet en éléphant.

Ce farfelu l'avait fait suffoquer en lui faisant renifler le parfum d'un nénuphar fané.

DEPUIS, L'ÉLÉPHANT VIDE LES PHARMACIES À LA RECHERCHE D'UN FLUIDE RÉPARATEUR.

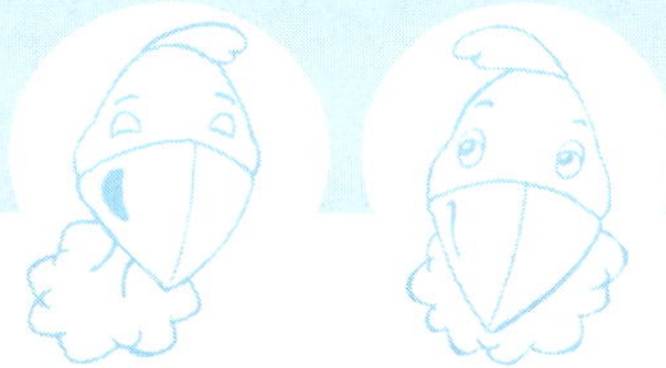

4 **Relie** chaque mot à son dessin.

   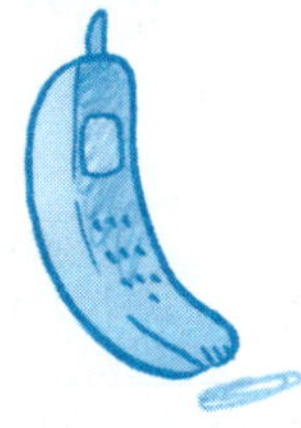

la photo — les moufles — le téléphone — le foulard

5 **Écris** le mot qui convient à l'aide des syllabes ci-dessous.
Puis **relie** chaque mot à son dessin.

ne — fu — ri — mi — fa — mée — four

Elle s'échappe par la cheminée : la .... ▶ 

Elle est petite, noire ou rouge : la .... ▶ 

Le meunier la met dans le sac : la .... ▶ 

6 **Numérote** les phrases dans l'ordre de l'histoire de la page 63.

[...] La petite poule rousse est repartie chez elle.

[...] Le meunier a moulu le blé.

[...] La petite poule rousse a dit merci au meunier.

[...] Le meunier a mis la farine dans le sac.

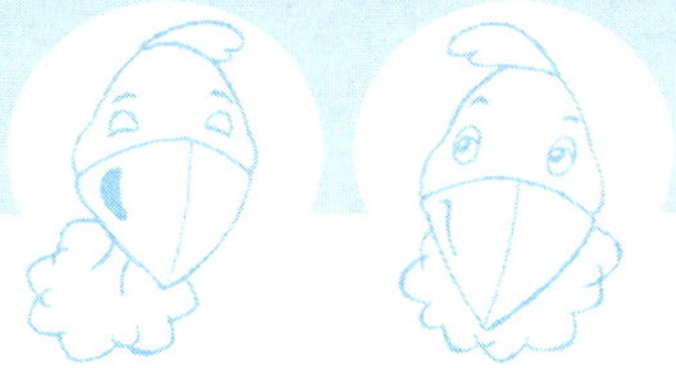

1 **Relis** le texte en bas de la page 64.
Puis **colorie** les ingrédients utilisés par la petite poule rousse.

du sucre

de la farine

du sel

du chocolat

de la levure

de l'eau

du lait

des œufs

2 **Entoure** les erreurs.

La petite poule rouge versa la farine, le sel, l'eau

et la levure dans une salade et mangea le tout.

Trois fois la pâte bien aplatie, elle la mit à fuir au four.

3 **Remets** les mots dans l'ordre pour écrire une phrase.

mélangea la le farine sel. et Elle

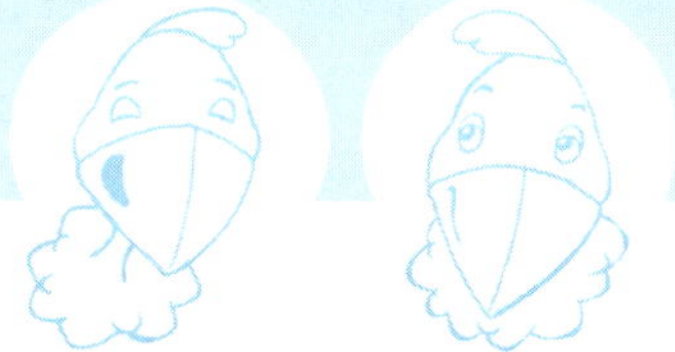

4 **Colorie** les phrases qui disent la même chose de la même couleur.
Puis **relie** chaque phrase de la deuxième colonne au dessin qui convient.

Elle plie l'écharpe.	Elle la chasse. •
Elle mâche la pomme.	Elle la plie. •
Elle chasse la mouche.	Elle la mâche. •

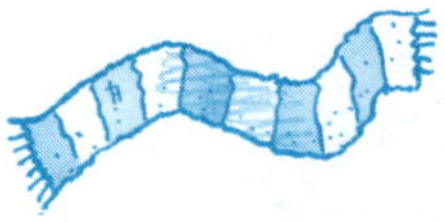

5 **Relis** l'histoire de la page 65.

a **Entoure** le nom des animaux de l'histoire.

le loup — le renard — la poule — le lapin

la fourmi — le hibou — l'ours — la mouche

b **Entoure** les mots qui conviennent.

C'est la poule / la foudre qui a mis le feu. / des fleurs.

c **Colorie** la fée de l'histoire.

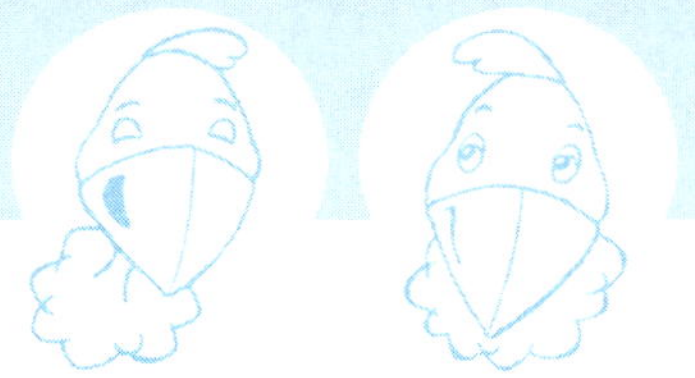

1 **Colorie** le dessin et **entoure** le mot quand tu entends [s].

le poisson

la fusée

le sapin

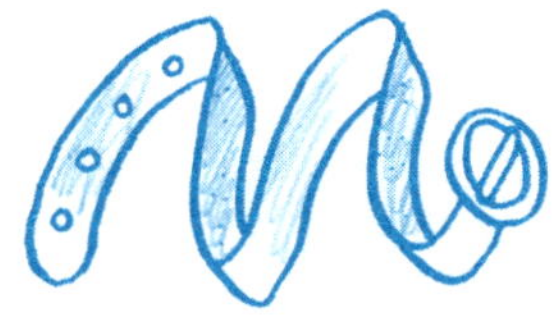

la ceinture

le camion

la piscine

le serpent

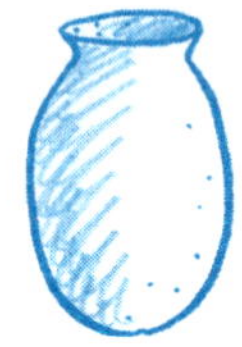

le vase

2 **Classe** les mots dans le tableau : *le hérisson, le garçon, le sel, la limace, le cinéma, la leçon, le soleil, la tasse.*

s	ss	c	ç
....	....	....	....
....	....	....	....

3 **Relie** chaque dessin à la bonne syllabe. Puis **relie** chaque syllabe à son mot.

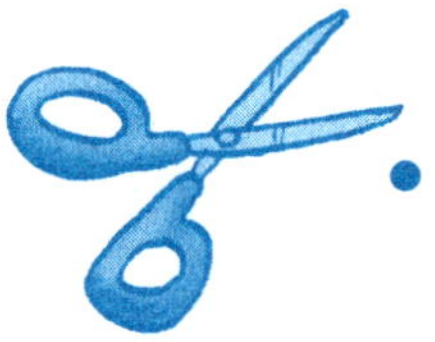

su

ci

sou

les ciseaux

la soupe

la sucette

4 **Complète les mots avec : *sa*, *si*, *ce* ou *sou*.**

la ....rise	*la ....coupe*	*le ....ladier*	*le ......fflet*

5 **Entoure de la même couleur chaque phrase et son dessin.**

- Le chat se lisse les moustaches.
- Le chat est assis contre la façade de la maison.
- Le chat suit une petite limace.

6 **Lis les phrases puis complète le dessin.**

Le bûcheron a une moustache rousse.
Il porte un panier. Il y a une scie
dans le panier.

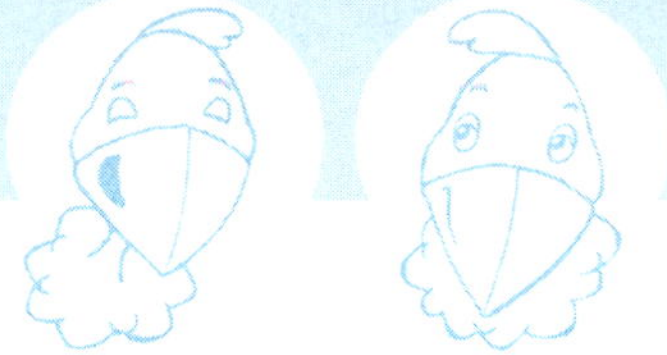

1 **Numérote les dessins dans l'ordre de l'histoire.**

2 **Complète avec :** *le blé, les grains, le pain, la farine.*

La poule a semé ...., elle a fauché .... Elle a moulu les grains pour en faire de .... Puis elle a cuit ....

3 **Entoure les erreurs.**

– Qui va ramasser ce pain ?

– Moi, dit le rat en se redressant.

– Moi, dit le cochon en sortant de la mousse.

– Mais oui, vous n'en aurez pas, dit la petite moule rousse.

4 **Relie les phrases comme il convient.**

La poule mange le pain. •
La poule mange la salade. •
La poule mange la mousse au chocolat. •
La poule mange le radis. •
La poule mange le citron. •

• Elle le mange.
• Elle la mange.

5 **Complète les phrases comme tu veux.**

• *Le cochon parle en* ....
• .... *en mangeant.*
• *Le canard fuit en* ....

6 **Relis les charades de la page 69. Puis complète la phrase qui correspond au dessin.**

Mon tout est ....

7 **Remets les lettres dans l'ordre pour écrire un mot.**

LE (P I N A) → LE (..................)

Je produis un écrit : une recette

page **70** du livre

1 **Tu vas écrire une recette de pain spécial. Entoure les 4 ingrédients utiles.**

de la farine | du sel | de l'eau

des citrons | des œufs | de la levure

2 **Choisis un ingrédient spécial. Entoure-le.**

des pommes

des olives

des pépites de chocolat

des noix

3 **Relie chaque ustensile à son dessin.**

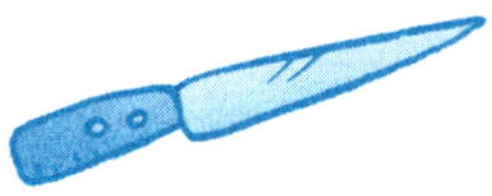

un saladier | un couteau | un tissu | un four

4 **Lis les mots suivants.**

ajouter

mélanger

pétrir

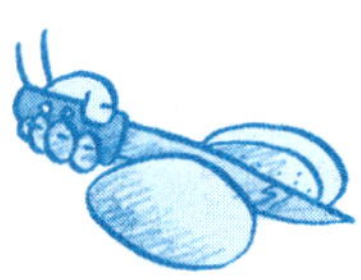

couper

couvrir

cuire

5 **Tu peux maintenant écrire ta recette.**

a **Écris le titre de ta recette.**

b **Écris la liste des ingrédients. N'oublie pas l'ingrédient spécial !**

c **Écris ta recette en t'aidant des mots que tu as lus.**

Le pain aux ....

Ingrédients :

Préparation :

1 **Entoure** les mots qui sont illustrés dans le dessin.

le feu
le fauteuil
la moufle
la tasse
le glaçon
la photo
le citron
le chat

2 **Remets** les syllabes dans l'ordre et **écris** les mots.

re pha	pe char é	pé le da
le	une	la ....

3 **Relis** le texte de la page 72. Puis **réponds** aux questions.

Qui a pleuré ? C'est ....

Qui a disparu ? ....

Qui a téléphoné ? ....

Jeux

① **Décode** ce message pour aider l'ours à retrouver son pot de miel.

1	2	3	4	5	6	7	8	9	10	11	12	13
A	B	C	D	E	F	G	H	I	J	K	L	M

14	15	16	17	18	19	20	21	22	23	24	25	26
N	O	P	Q	R	S	T	U	V	W	X	Y	Z

12	5

16	15	20

5	19	20

19	15	21	19

12	5

12	9	20

② Pour trouver le mot mystérieux, **écris** les mots en les découpant en syllabes. Puis **recopie** la bonne syllabe de chaque mot.

……	……

……	……	……

……	……	……

? …… | …… | …… ?

1 **Colorie** le dessin si tu entends le son [n]. Puis **coche** la case où tu l'entends.

2 **Recopie** les mots dans la bonne colonne.

le domino

le citron

le lapin

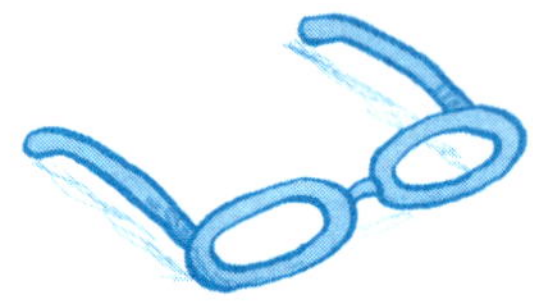
les lunettes

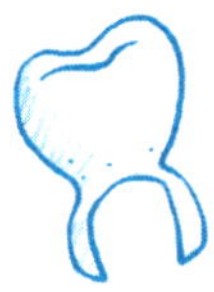
la dent

la baleine

le manteau

le nid

n / n	n / n
....	....
....	....
....	....
....	....

page **75** du livre

3 **Entoure** les mots de la couleur demandée par le maître.

la ruche	la fenêtre	le nuage	un âne	la Chine
la niche	une année	riche	la farine	la panne

4 **Remets** les syllabes dans l'ordre pour écrire des mots.

ma ci né	né phar nu	mal ni a
un	un	un ....

5 **Relis** le texte de la page 75.

a **Complète** avec : Le canard, Le cochon, L'âne.

.... mâche tous les fruits.

.... dort dans une niche.

.... est malheureux.

b **Recopie** la phrase qui dit ce que fait le canard après son repas.

1 **Colorie** les images qui illustrent le texte de la page 76.

2 **Entoure** le titre du conte.

Les Musiciens dans la ville de Brême

Les Musiciens de la ville de Brême

Les Musiciens de la belle ville de Brême

Les Musiciens et la ville de Brême

3 **Relis** les phrases en bas de la page 76 et **écris** *vrai* ou *faux*.

L'âne est vieux. ....

Le paysan est l'ami de l'âne. ....

L'âne est allé à l'abattoir. ....

4 **Complète** les phrases avec *Pourquoi* ou *parce qu'*.

- ……………………………… le lapin court-il ?
- Le lapin court ……………………………… il a vu le renard.
- ……………………………… maman a-t-elle un parapluie ?
- Maman a un parapluie ……………………………… il pleut.

5 **Relis** le texte de la page 77.

a **Entoure** la bonne réponse.

- Noé n'aime pas
  - les pâtes.
  - les épinards.
  - le chou.

- Noé a mis les épinards
  - sous la nappe.
  - dans un sac.
  - dans le plat du chat.

b **Réponds** à la question.

Pourquoi maman est-elle fâchée ?

Maman est fâchée ………………………………

……………………………………………………………………

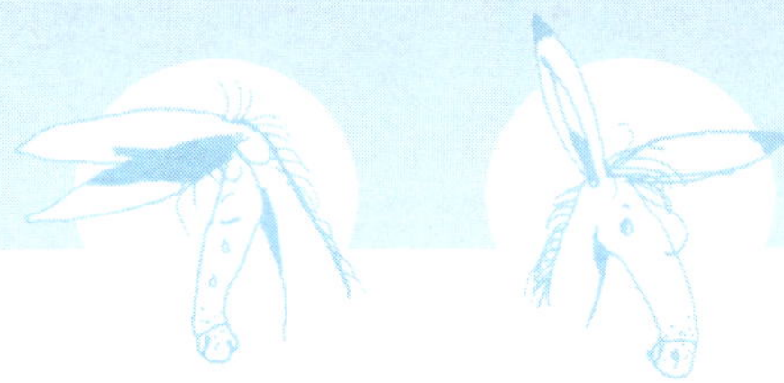

1 Colorie quand tu entends [t].

2 Relie chaque dessin au code qui convient et entoure le code intrus.

✗	✗

	✗	

	✗

✗	

3 Colorie tous les t en jaune.

LE PILOTE DE FORMULE 1 TIRE SUR LA MANETTE.

Aussitôt, l'auto démarre et file tout droit sur la piste luisante.

Mais une pancarte indique au pilote qu'il doit rentrer au stand.

4 Observe le dessin. Puis complète les phrases.

Le chien marche sur la ....

Le cheval tire une ....

L'âne a une .... entre les dents.

5 Remets les syllabes dans l'ordre pour écrire des mots.

ne tar ti	ta che mous	pi te ra
une	une	un ....

6 Relis le texte de la page 79.
Puis relie chaque phrase au personnage qui convient.

Il est triste. •

Il parle de Brême. •

Il chaparde une tomate. •

1 **Numérote** les images dans l'ordre de l'histoire.

2 **Écris** *vrai* ou *faux*.

Mistigri est un chat. ....

C'est l'âne qui demande au chat ce qu'il a. ....

La patronne du chat voulait le taper. ....

Le chat peut toujours attraper les souris. ....

Maintenant le chat est trop vieux. ....

3 **Relie chaque début de phrase à sa fin.**

Ce chat est trop vieux •

À minuit, il est trop tard •

Ce chien est trop sale •

• pour aller au cinéma.

• pour aller sur le tapis.

• pour chasser.

4 **Complète cette phrase comme tu veux. Tu peux t'aider des mots suivants.**

Le loup	petit	courir
Le chat	vieux	chasser
L'âne	malade	rire

.... est trop .... pour ....

5 **Lis les phrases et complète le dessin.**

Voici une petite tortue.
Elle porte un panier de fleurs.
Elle marche sur la route.
Devant elle, il y a un chat.
Il a des moustaches
et les pattes tachetées.
Il pleut.

1 **Colorie** les dessins si tu entends [ã]. Puis **entoure** les lettres qui font [ã].

un tambour

un éléphant

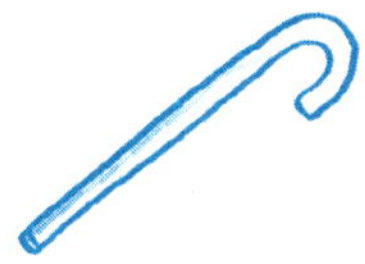
la canne

la tente

le serpent

un ananas

la lampe

la tempête

2 **Classe** les mots dans le tableau : *le silence, l'ampoule, la plante, la pente, camper, la température, remplir, la sandale.*

an	*en*	*am*	*em*
....	....	....	....
....	....	....	....

3 **Relie** chaque dessin à la bonne syllabe. Puis **relie** chaque syllabe à son mot.

cham

pan

man

un pantin

un manteau

un champignon

4 **Complète** les mots avec : lam, ten, pen.

une ....pe	un ser..........t	la ....te

5 **Observe** l'exemple et **continue**.

facile → facilement

rare → rare......................

rapide → ....

triste → ....

6 **Complète** avec : chante, tente, enfant, vent, lampe.

Le .... souffle. L' .... est à l'abri

sous la .... Il allume une ....

pour ses parents qui jouent aux dés.

Lui, il .... pour passer le temps.

1 **Colorie** l'image qui illustre l'épisode 3.

2 **Complète** avec le nom de celui qui parle. Attention, il y a un intrus.

l'âne | le coq | le chat | le chien

– Je vois une grande table remplie de bonnes choses à manger (...), chuchota ....

– Voilà ce qu'il nous faut ! dit ....

– Bien sûr ! Mais comment faire pour entrer ? demanda ....

3 **Recopie** la phrase de l'exercice 2 qui est une question.

4 **Colorie de la même couleur chaque question et sa réponse.**

Qu'est-ce qu'une tulipe ?	Elle a un petit stylo.
Qu'est-ce qu'elle a dans ce sac ?	C'est une fleur.
Qu'est-ce qu'il a vu au cinéma ?	Il a vu un film sur les éléphants.

5 **a** **Complète la question.**

Qu'est-ce qu'il .... ?

Il mange une tartine de chocolat.

b **Complète la réponse.**

Qu'est-ce qu'elle a mis dans son panier ?

Elle a mis ....

6 **Relis l'énigme de la page 85 et réponds aux questions.**

Qui est entre Amandine et Tristan? *C'est* ....

Qui a un ruban rouge ? *C'est* ....

Qui lit tout le temps ? *C'est* ....

Qui a troué la manche de Clément ? *C'est* ....

Qui part faire du cheval ? *C'est* ....

[ɛ]

page **86** du livre

1 **Colorie** les dessins où tu entends [ɛ].

2 **Classe** les mots dans le tableau :

un sifflet, la fève, le chêne, le frère, un sachet, la fête.

è	ê	et
....	....	....
....	....	....

3 **Entoure** les mots quand tu vois ai ou ei.

la neige

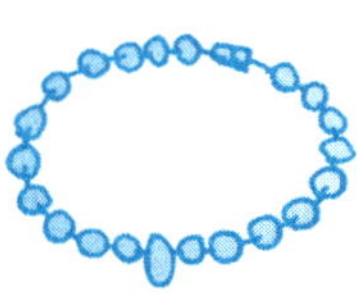

le collier

la fraise

le piano

4 **Entoure** le mot qui convient.

- Elle a mis un peu de — lait / aile / raie — dans sa tasse de thé.
- Il a pris un remède car il a mal à la — fête. / tête. / têtu.
- Elle — peine / pleine / peigne — sa poupée.

5 **Remets** les syllabes dans l'ordre pour écrire des mots.

si	ne	rè	tue	lai	cet	la

une ....

une ....

le ....

6 **Relis** le texte de la page 87. Puis **barre** les aliments qui ne sont pas au menu des brigands.

une laitue	un chou	un poulet
des pêches	des fraises	des madeleines

1 Observe l'illustration de la page 88. Puis entoure la phrase qui convient.

Le chien est sur l'âne, le chat est sur le chien
et le coq est sur la tête du chat.

Le chat est sur l'âne, le chien est sur le chat
et le coq est sur la tête du chien.

2 Colorie l'image qui illustre le mieux la fin du texte de l'épisode.

3 Relis le texte en bas de la page 88. Puis entoure les erreurs ci-dessous.

La fable était pleine de mets délicieux et les quatre amis firent un frais festin ! Après quoi, ils éteignirent la lune et cherchèrent une place pour réfléchir.

4 **Observe** l'exemple et **complète** avec *ait* ou *e*.

> • *Hier, elle pédalait lentement.*
> • *Aujourd'hui, elle pédale vite.*

• *Hier, il pêch.......... des têtards.*
• *Aujourd'hui, il pêch....... la truite.*
• *Hier, il jou.......... avec un petit chat.*
• *Aujourd'hui, il jou....... avec un petit chien.*

5 **Relie** sa et son aux mots qui conviennent.

sa | son

madeleine | frère | sifflet | chaise | ami

6 **Relis** le texte de la page 89 et **complète** celui-ci avec les mots suivants :

lac, sirène, cheveux, frémir, reine.

Le peigne de la .... tomba dans l'eau du ....
Aussitôt, l'eau se mit à .... et une ....
apparut, le peigne dans les ....

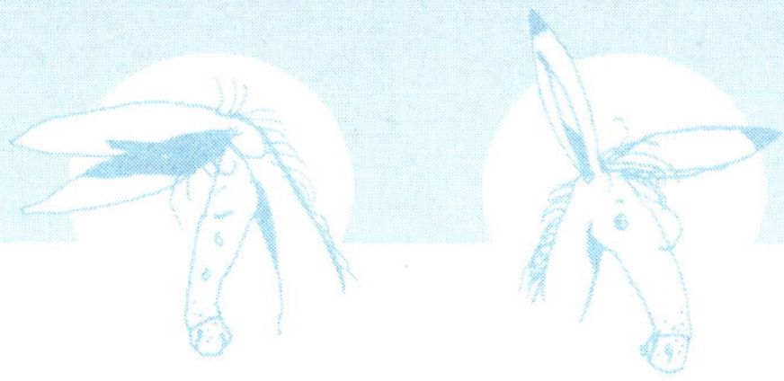

1 **Colorie** le dessin si tu entends [k]. Puis **relie** chaque dessin à son code.

✗	✗	

✗		

		✗

2 **Colorie** les lettres qui font le son [k] selon le code.

rouge → **c**

bleu → **qu**

vert → **k**

Pourquoi le petit kangourou est-il si coquin ?

Il a montré ses horribles poings au koala son copain.

Le koala, en colère, en a parlé au kiwi.

Le kiwi a bien écouté et a consolé son ami.

3 **Complète** les mots avec la bonne syllabe.

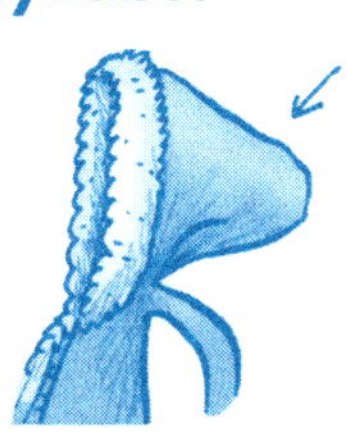

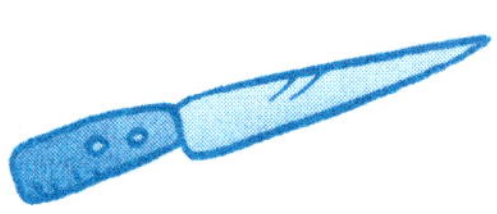

sa, ca	sa, ca	sou, cou
le ....ladier	la ....puche	le ....teau

4 **Complète** avec : *koala, moustique, pique, cactus, cassé.*

Le moustique est triste. Son dard est ....

« Ne pleure pas, lui dit son ami le ....

Voici une épine de .... qui le remplacera.

Mais surtout, petit ...., ne me .... pas ! »

5 **Relie** chaque dessin à la bonne syllabe. Puis **relie** chaque syllabe à son mot.

cou	un escargot
cra	un coussin
car	le crabe

6 **Colorie** dans le dessin les éléments suivants :

la carapace
le canapé
la queue
le canari
les cartes

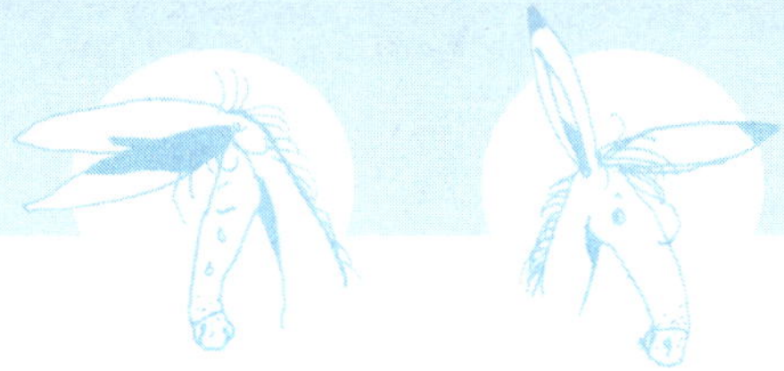

1 Écris V si c'est vrai et F si c'est faux.

Un brigand retourne dans la maison. ...

Le brigand a marché sur la queue du chat. ...

Le brigand a mal et il est épouvanté. ...

L'âne et ses trois amis repartent pour la ville de Brême. ...

2 Entoure le titre qui convient le mieux à ce dernier épisode.

Les brigands malchanceux

Une maison à Brême

L'âne, le chien, le chat et le coq

Les amis musiciens

3 Complète avec le personnage qui convient. Entoure l'intrus.

le chat *le coq* *le chien* *l'âne* *le brigand*

Qui a la joue en sang ? *C'est* ....

Qui a mal à la queue ? ....

Qui a des sabots ? ....

Qui chante dans le poulailler ? ....

4 **Relie** chaque début de phrase à sa fin.

Quand elle s'ennuie, •	• il s'enfuit.
Quand je suis malade, •	• elle lit.
Quand il manque de courage, •	• je prends des médicaments.

5 **Invente** une suite à chaque phrase.

Quand il est en retard, il ....

J'allume la lampe quand ....

6 **Relis** la fiche de fabrication de la page 93.

a **Numérote** les phrases dans l'ordre des actions.

- [...] Casse l'ampoule qui est dans le papier séché.
- [...] Recouvre l'ampoule de bandes de papier trempées dans la colle.
- [...] Décore.
- [...] Laisse sécher.

b **Réponds** à cette devinette.

Il faut la secouer pour faire de la musique.

C'est ....

page **94** du livre

Rémi Fassol
Ecole La Fontaine
Rue des Fables
19 240 Brume

Brume, le 2 février

Cher Léo,

Je m'appelle Rémi. J'ai 6 ans et demi et je suis au CP.
J'aime le ski, la musique et j'adore le chocolat.
Est-ce que tu veux bien être mon correspondant ?

Ecris-moi vite. A bientôt.

Rémi

1 **Sur la lettre, entoure :**
– en rouge le nom de l'expéditeur ;
– en bleu son adresse ;
– en vert le nom du destinataire ;
– en jaune la question posée.

2 **Écris** vrai **ou** faux.

– Celui qui a écrit a 6 ans. ....

– Il est dans la classe de CE1. ....

– Il aime le ski. ....

– Il adore les épinards. ....

– Il veut devenir l'ami de Léo. ....

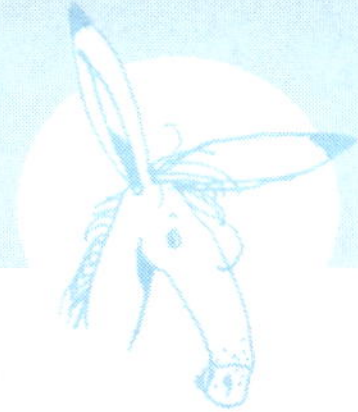

3 **Imagine** la réponse de Léo à Rémi.
Remplis chaque cadre avec les informations utiles puis **écris** le message.

Je révise

1 **Observe** le dessin et **colorie** les éléments suivants :

un âne
une charrette
un coq
un nuage
la route
une cape

2 **Écris** le bon mot sous chaque dessin. **Aide-toi** des syllabes suivantes :

da *cha* *nez* *pan* *let*

le ....

un ....

un ....

3 **Relis** le texte de la page 96 et **réponds** aux questions.

Qu'est-ce qui emporte les tuiles ? *C'est* ....

Qui s'accroche à une fleur ? *C'est* ....

Qui sèche ses ailes ? ....

Qui mange ma tartine ? ....

Dépôt légal : mars 2006 - N° d'éditeur : 2008/022 - N° d'imprimeur : 72872A
Achevé d'imprimer en France en janvier 2008 par France Quercy, Mercuès